Reise durch

SÜDAFRIKA

Bilder von
Clemens Emmler

Texte von
Thomas Jeier

Stürtz

Erste Seite:
Die „Königin der Tiere" – die letzten Löwen leben im Kruger National Park.

Sie bilden größere Rudel und jagen und verteidigen sich gemeinsam.

Vorherige Seite:
Vom Bloubergstrand hat man einen faszinierenden Blick auf den berühmten Tafelberg vor Kapstadt.

Unten:
Kinder baden im Fluss bei Knysna. Hinter Knysna beginnt waldreiches Land mit Stink- und Yellowwoodbäumen.

Seite 10/11: *Auf ihrer Suche nach Nahrung durchstreifen die Strauße das Land in starken Trupps. Sie ernähren sich von Pflanzen, Früchten und kleinen Tieren.*

Inhalt

12

Südafrika – die ganze Welt in einem Land

26

Die Kapprovinzen – Elefanten, Strauße und guter Wein

Seite 36
Nelson Mandela – ein Leben für den Widerstand

Seite 54
Wein aus Südafrika – erstklassige Spitzenerzeugnisse

Seite 78
Mächtige Könige und unerschrockene Krieger

88

Von der Northwest Province nach Kwazulu-Natal

106

Große Städte, weites Land – Gauteng, Mpumalanga und Northern Province

Seite 126
Kruger National Park – unverfälschte Natur

134 Register
135 Karte
136 Impressum

Südafrika – die ganze Welt in einem Land

Elefanten sind reinliche Tiere. Sie nehmen ausgiebige Bäder und bespritzen sich mit dem langen Rüssel. Ihr Durst ist grenzenlos: Pro Tag trinkt ein Elefant ungefähr 350 Liter Wasser.

„Eine Welt in einem Land" lautet ein Slogan des südafrikanischen Fremdenverkehrsbüros. Treffender kann man das Land zwischen Indischem Ozean und Südatlantik nicht beschreiben. Kaum eine Region unserer Erde hat eine so vielfältige Flora und Fauna und eine so dramatische Geschichte aufzuweisen. Das anmutige Kap und die Kolonialbauten der ersten Siedler, die schroffen Bergkämme der Drakensberge, die weiten Sandstrände an der Küste, die exotischen Tiere im Kruger National Park, eine Vielzahl von Völkern, die dramatische Auseinandersetzung zwischen Schwarz und Weiß und die Leiden der Apartheid lassen keinen Besucher gleichgültig, bestätigen manche Vorurteile, regen aber auch zu einer eingehenderen Beschäftigung mit diesem Staat an. Denn nach der Apartheid regiert in Südafrika die Hoffnung, und das Land gilt nicht nur in Westeuropa als eines der beliebtesten Fernziele.

Südafrika in nüchternen Zahlen: Auf den 1 219 080 Quadratkilometern des Landes leben knapp 49 Millionen Menschen. 71 Prozent der Einwohner sind schwarz, die Weißen sind mit 12,8 Prozent in der Minderheit. Die Hauptstadt heißt Pretoria und hat über zwei Millionen Einwohner. Die Vielfalt des Landes zeigt sich besonders bei den Sprachen und der Religion: Neben den 78 Prozent Christen gibt es Hindu, Muslime und Juden. Die Amtssprachen sind Englisch und Afrikaans, dazu kommen Dialekte zum Beispiel der Xhosa und Zulu. Seit 1961 ist Südafrika eine parlamentarische Republik im Commonwealth. Das Land lebt von der Ausfuhr wichtiger Bodenschätze wie Uran, Gold und Diamanten, auch Maschinen, Obst und Textilien werden exportiert.

Den Aufschwung kann man spüren, nicht nur in wirtschaftlicher Hinsicht. Südafrika geht in eine neue und bessere Zukunft. Ein Prozess, der noch viele Jahre dauern wird, und das ist auch kein Wunder: In keinem anderen Land der Erde gibt es eine solche Vielzahl von Volksgruppen, Kulturen und Religionen. Aber man ist zum toleranten Miteinander gezwungen,

wenn man im globalen Wettstreit mithalten will. Die Kriege und Fehden der vergangenen Jahrhunderte und die politischen Auseinandersetzungen während der Apartheid haben das Land an den Rand des Ruins getrieben. Noch sind die alten Strukturen nicht überwunden. Konservative Weiße trauern der strengen Rassentrennung nach, und aufgebrachte Schwarze versuchen, die politische Stimmung mit radikalen Anschlägen anzuheizen. Aber der Wille ist da: Nach der dramatischen Entwicklung im 20. Jahrhundert sind die meisten Bewohner des Landes entschlossen, die Demokratie am Leben zu erhalten.

Gasthaus der Meere – Kapstadt

Man spürt diesen Optimismus in Kapstadt, wenn man durch die Straßen dieser modernen Stadt streift und einen ersten Eindruck des neuen Südafrika bekommt. Kapstadt ist international, steht mit seinem bunten Gemisch von Völkern und Rassen und seiner Weltoffenheit für das neue Image des ehemals so geächteten Landes. „Das Gasthaus der Meere" wurde die Siedlung genannt, weil der holländische Seefahrer Jan van Riebeeck dort ausgedehnte Gemüsegärten für die vorbeifahrenden Handelsschiffe anlegen ließ. Das war 1652. Die Gastfreundschaft der Kapstädter ist geblieben, wurde zum Markenzeichen der Küstenstadt, so wie die Vielfalt der Baustile: viktorianische Gebäude, holländische Landhäuser und die pastellfarbenen Häuser der Malaien, die Long Street mit ihren Antique Shops und der geschäftige Flohmarkt am Greenmarket Square. Der melancholische Klang eines Saxofons vermischt sich in den engen Gassen der Altstadt mit dem hektischen Rhythmus einer schwarzen Band, und aus den Küchen zahlreicher Restaurants strömt der Duft von exotischen Speisen. Südafrika hat Anschluss an die moderne Welt gefunden, ist zum beliebtesten Ziel des Kontinents geworden. Doch der Weg war lang und beschwerlich und ist durch koloniales Unrecht und menschliche Tragik geprägt. Die Leidensgeschichte begann in der „Mother City", mit der Landung von Jan van Riebeeck, der im Auftrag der Holländisch-Ostindischen Handelskompanie an der südafrikanischen Küste vor Anker ging und im Schatten des mächtigen Tafelbergs einen Stützpunkt errichtete. Er hatte den Auftrag, die Schiffe der Gesellschaft auf ihrer Fahrt von Europa nach Asien mit frischen Lebensmitteln zu versorgen. Zum Schutz der 82 Männer und acht Frauen, die ihn begleitet hatten, ließ er die Festung „Fort de Goede Hoop" errichten. Außerhalb des Forts legten sie ausgedehnte Plantagen und Felder an. An eine dauerhafte Siedlung wurde nicht gedacht – die Festung sollte ledig-

Schottische Missionare brachten um 1800 die ersten Pferde nach Lesotho. Sie wurden mit Tieren gekreuzt, die aus Java eingeführt wurden, und entwickelten sich zu stämmigen Bergpferden, die als Basutoponys bekannt wurden.

lich als Zwischenstation für die vorbeikommenden Schiffe dienen und den Holländern einen strategischen Vorteil am Kap verschaffen. Weil van Riebeeck aber gezwungen war, die Kosten niedrig zu halten und die Siedler sich selbst versorgen mussten, blieb ihm nichts anderes übrig, als die Felder in der näheren Umgebung von freien Bauern bestellen zu lassen. Einzige Bedingung seiner Gesellschaft: Die wenigen Bauern, die Freibriefe erhielten, mussten aus den Niederlanden oder Deutschland kommen.
Sieben Jahre nach der Landung der Holländer kam es zum ersten Zusammenstoß mit den Eingeborenen. Die Hottentotten wurden geschlagen und wichen vor den besser ausgerüsteten Holländern in den Busch zurück. Der dauerhaften Besiedlung ihrer Heimat durch europäische Kolonisten stand nichts mehr im Wege. Zehn Jahre nach der Ankunft der ersten Siedler hatte Kapstadt bereits 200 weiße Einwohner. Und die Zahl stieg auch unter dem neuen Befehlshaber ständig. Simon van der Stel ließ ein fünfeckiges Kastell errichten, das heute noch steht, und gründete eine zweite Siedlung, das nach ihm benannte Stellenbosch. Ab 1681 wurden politische Sträflinge aus Indonesien in Kapstadt angesiedelt, die sogenannten Kapmalaien, 1688 trafen die ersten Hugenotten in der Siedlung ein. Um 1700 hatte Kapstadt über tausend Einwohner.

Blutige Auseinandersetzungen

Zu ernsthaften Konflikten mit der Urbevölkerung führte die Abwanderung vieler Bauern, die immer weiter nach Norden und Osten vorstießen, um im Inland nach neuem Weideland für ihre Viehherden zu suchen. Die unabhängigen „Trekburen" lösten sich von der Zentralregierung in Kapstadt und tauschten die geregelte Existenz im Schatten der städtischen Verwaltung gegen ein ungewisses, aber freies Leben in der Wildnis ein. Dort mussten sie sich in zahlreichen Scharmützeln gegen die aufgebrachten Buschmänner behaupten. Gegen die zahlenmäßige Übermacht der Khoikhoi mussten sie sich geschlagen geben, und auch gegen die im Osten siedelnden Xhosa fanden die militärisch eher unbedarften Bauern kein Mittel. Am Great

Fish River, der die östliche Grenze der Kolonie bildete, kam es zu blutigen und verlustreichen Auseinandersetzungen.
Von 1779 bis 1781 tobte der erste Krieg zwischen Weißen und Schwarzen in Südafrika. Die Xhosa, die den Grenzfluss überschritten hatten, wurden zurückgetrieben, doch schon acht Jahre später kam es zum zweiten Krieg gegen die Xhosa, der bis 1793 dauerte und ebenfalls kein dauerhaftes Ergebnis brachte. In den Städten protestierten die Bürger gegen die Kolonialverwaltung. Angetrieben von den Idealen der Amerikanischen und Französischen Revolution forderten sie mehr Freiheit und Selbstbestimmung. Sie wehrten sich gegen die korrupten Beamten, die es innerhalb weniger Jahre geschafft hatten, die Holländisch-Ostindische Handelskompanie in den Bankrott und die Kolonie in eine ernsthafte Krise zu führen. In Swellendam und Graaff-Reinet wurden die ersten unabhängigen Republiken ausgerufen. Ihr Niedergang fiel mit der Übernahme der holländischen Kolonie durch die Engländer zusammen. Am 11. Juni 1795 wurde Südafrika zur Kronkolonie. Zu dieser Zeit lebten ungefähr 18 000 Weiße, 15 000 Hottentotten und 22 000 Sklaven in Südafrika. Es kam zu erneuten Spannungen mit der Urbevölkerung, die im dritten Krieg gegen die Xhosa (1799–1803) gipfelten und zu blutigen Massakern auf beiden Seiten führten. Die Holländer kehrten noch einmal nach Südafrika zurück, mussten aber im Frühjahr 1806 endgültig der englischen Krone weichen. Die Anglisierung des südlichen Afrikas ließ sich nicht aufhalten. Die Industrielle Revolution zwang viele Briten, ihre Heimat zu verlassen und in den Kolonien ihr Glück zu versuchen. Englisch wurde zur Amtssprache. Mit der neuen Herrschaft zog der Geist der Freiheit in Südafrika ein. 1807 wurde der Sklavenhandel verboten, 1828 stellte man die Hottentotten in der „Magna Charta der Hottentotten" mit den Weißen gleich, am 1. Dezember 1834 wurde die Sklavenarbeit in allen überseeischen Besitzungen verboten. Die „Emancipation Act" verpflichtete alle weißen Herren, ihre Sklaven gegen ein geringes Entgelt durch die Zentralregierung freizulassen. Ein eklatanter Verstoß gegen die biblische Ordnung des Alten Testaments, wie die Buren meinten, und der Beginn eines langjährigen Krieges zwischen Engländern und unabhängigen Bauern.

Der Große Trek

Um 1835 verhärteten sich die Fronten zwischen den beiden Parteien. Die englische Kolonialregierung weigerte sich, die Buren in ihrem andauernden Kampf gegen die Xhosa zu unterstützen, verbot ihnen aber auch, eine eigene

Fantastisch in die Landschaft eingebettet ist die Kleinstadt Franschhoek. Wegbereiter der Gründung in der zweiten Hälfte des 17. Jahrhunderts waren zugewanderte Hugenotten. Angesichts der Szenerie stellten sich bei ihnen Erinnerungen an die französischen Voralpen ein.

Schutztruppe aufzustellen. Die Buren bangten um ihre Sicherheit und entschlossen sich, die besiedelten Gebiete zu verlassen. Ihre Massenauswanderung ging als „Großer Trek" in die Geschichte ein. Über 10 000 „Voortrekker" zogen mit ihren Planwagen nach Norden und Nordosten, um im Transvaal und an der portugiesischen Ostküste eine neue Heimat zu finden. Ein gewaltiger Exodus, nur vergleichbar mit dem „Westward Movement" der Siedler in Amerika, und eine Geschichte der Leiden, denn die meisten Teilnehmer der ersten Treks wurden durch Eingeborene getötet oder starben an Krankheiten. Im Oktober 1836 griff eine Übermacht von Matabelekriegern den dritten Trek an und verwickelte die Teilnehmer in die „Schlacht von Vegkop". Sie erbeuteten das gesamte Vieh der Siedler. Ein vierter Trek schaffte es bis in das Gebiet von Thaba'nchu, wo das Hauptlager der Buren entstanden war. Ungefähr 5000 Voortrekker organisierten sich und gaben sich im April 1837 eine eigene Verfassung. Doch Natal, das Ziel ihrer Reise, war noch lange nicht erreicht. Die Zulus unter ihrem König Dingane waren nicht gewillt, die Buren in ihrem Königreich zu dulden, und überfielen mehrere Lager der Weißen.
Am 16. Dezember 1838 kam es zur entscheidenden Schlacht am Blood River. 464 Buren unter der Führung von Andries Pretorius kämpften gegen eine Übermacht von 10 000 Zulukriegern und brachten ihnen eine vernichtende Niederlage bei. Ein Sieg der überlegenen Waffentechnik der Weißen und ein „Zeichen Gottes", wie die Burenführer betonten, das sie in ihrem festen Glauben an die „gottgewollte Ordnung" einer Vorherrschaft der „weißen Herren" bestärkte. Bis heute erinnert das Monument einer in Bronze gegossenen Wagenburg an die blutige Schlacht und den „Großen Trek" der Wanderbauern. Nun war der Weg frei für die Buren. Sie zogen nach Natal und siedelten sich in der Nähe des heutigen Durban an – eine Herausforderung für die rachsüchtigen Zulukrieger und die englische Kolonialregierung, die keinen unabhängigen Burenstaat wollte.

1844 wurde Natal zu einem Teil der britischen Kapkolonie. Ein großer Teil der Buren setzte sich ins benachbarte Hochland ab. Über 4000 englische Siedler kamen nach Natal. Vier Jahre später erklärte der britische Gouverneur das gesamte Gebiet zwischen Vaal, Oranje und den Drakensbergen zum „Hoheitsgebiet Oranje". Im Sandrivier-Vertrag von 1852 versprach er den Buren die Unabhängigkeit von Transvaal, das später in die südafrikanische Republik umgewandelt wurde. 1854 entstand ein zweiter Burenstaat im Gebiet zwischen Vaal und Oranje, das die britische Regierung wieder aufgegeben hatte: der Oranjefreistaat. Wichtiger war den Engländern das Königreich der Zulus. 1879 kam es zu einem verlustreichen Krieg gegen den Zulukönig Cetshwayo und seine Krieger, dessen erste Schlacht zu einem blutigen Fiasko für die britischen Truppen wurde. Am 22. Januar 1879 wurde ihr Hauptlager von über 20 000 Zulukriegern überrannt, die mit unvorstellbarer Grausamkeit gegen die Soldaten vorgingen. Ungefähr 2000 Soldaten starben in der Schlacht am Isandhlwana Mountain. Erst 1887 triumphierten die Engländer. Kwazulu wurde annektiert und dem britischen Reich einverleibt.

Die Konflikte zwischen Buren und Engländern

Beträchtliche Goldfunde am Witwatersrand und der Einfall vieler tausend Glücksritter in die südafrikanische Republik führten zu erneuten Spannungen zwischen den Buren, die ihre erzkonservative Weltordnung in Gefahr sahen, und den Engländern, die weiterhin an ein vereintes Südafrika unter britischer Herrschaft glaubten. Cecil Rhodes, der Premier der Kapkolonie zwischen 1890 und 1896, scheiterte bei dem Versuch, dieses Ansinnen durch einen Putsch in die Tat umzusetzen, und musste zurücktreten. Doch schon drei Jahre später, am 11. Oktober 1899, kam es zum erneuten Krieg zwischen Engländern und Buren und endgültigen Zusammenbruch der unabhängigen Republiken. Die Bauern hatten der erdrückenden Übermacht der Briten kaum etwas entgegenzusetzen. Unter dem Oberbefehl so erfahrener Männer wie Lord Roberts und Lord Kitchener wurden Bloemfontein, Johannesburg, Pretoria und der Transvaal besetzt. Die Briten betrieben eine grausame Politik der verbrannten Erde, machten die Farmen des Feindes dem Erdboden gleich und sperrten Frauen und Kinder in Lager. Über 25 000 dieser Gefangenen starben an Unterernährung und vielen anderen Krankheiten. Erst am 31. Mai 1902 kapitulierten die Buren. Das gesamte südliche Afrika fiel unter britische Herrschaft und wurde von Lord Milner ins 20. Jahrhundert geführt. Er legte es vor allem darauf an, die Anglisierung der Kolonie voranzutreiben und alles Holländische aus dem täglichen Leben zu verbannen. Die Buren reagierten mit der Gründung zahlreicher Parteien und setzten durch, dass Transvaal und der Oranjefreistaat die innere Selbstverwaltung erhielten. 1910 schlossen sich die vier südafrikanischen Kolonien zur südafrikanischen Union zusammen.

Die Ära der Apartheid

Die Ära der Apartheid wurde durch die starre Haltung der Buren bei den Beratungen zu einer einheitlichen Verfassung gefördert. Sie setzten sich mit ihrer Forderung durch, allen „Nicht-Weißen“ das Stimmrecht zu verweigern. Mit der „Mines and Works Act“ von 1911 wurden alle Schwarzen gezwungen, niedere Arbeiten zu verrichten. Die „Native Land Act“ erklärte 7,3 Prozent der Fläche der südafrikanischen Union zu Reservaten für Schwarze, denen es künftig untersagt war, außerhalb ihrer „Native Lands“ Land zu pachten oder käuflich zu erwerben. Die meisten Schwarzen waren durch diese Gesetze gezwungen, als schlecht bezahlte Helfer auf weißen Farmen zu arbeiten – ein untragbarer Zustand für die einstigen Herren des Landes und der Beginn einer Entwicklung, die bis ins letzte Jahrzehnt des 20. Jahrhunderts anhielt. Weil sie weder wählen noch öffentlich protestieren durften, gründeten die Schwarzen den „African National Congress“ (ANC), der vornehmlich aus Akademikern und Intellektuellen bestand und wenig gegen die Willkür der Weißen ausrichten konnte. Wilde Streiks der ersten schwarzen Gewerkschaft, die 1917 gegründet wurde, fanden ein gewaltsames Ende und brachten den „Rädelsführern“ lange Haftstrafen ein. Nach dem Ersten Weltkrieg führte eine größere Streikaktion schwarzer Bergarbeiter zur Verabschiedung weiterer Rassengesetze, die zur endgültigen Unterdrückung der schwarzen Bevölkerung führten. Mit der „Native Act“ von 1923 wurde beschlossen, in den Städten getrennte Wohngebiete für Weiße und „Nicht-Weiße“ einzurichten. Ein weiteres Gesetz, das 1924 verabschiedet wurde, verbot es Schwarzen, sich einer Gewerkschaft anzuschließen. Die Proteste der Schwarzen wurden mit Militär bekämpft.

Der Begriff „Apartheid“ tauchte zum ersten Mal nach dem Zweiten Weltkrieg auf und wurde von Dr. Daniel F. Malan geprägt, dem Anführer der erzkonservativen National Party. Er versprach den Weißen, die durch das ungebrochene Selbstbewusstsein der Schwarzen verunsichert waren, ein rigoroses Vorgehen gegen die „Neger“ und wurde mit überwältigender Mehrheit gewählt. Er setzte seine Politik mit äußerster Konsequenz und Schärfe durch und trieb die

Die Union Buildings in Pretoria sind der Regierungssitz der südafrikanischen Republik. In den Gebäuden sind die Ministerien und das Staatsarchiv untergebracht. Unterhalb des Komplexes erstrecken sich gepflegte Parkanlagen.

Rassentrennung auch in privaten Bereichen voran. Mischehen waren verboten. In allen öffentlichen Einrichtungen, in den Verkehrsmitteln und sogar auf den Toiletten galt ab sofort die Rassentrennung – ähnlich wie in den amerikanischen Südstaaten. Die totale gesellschaftliche Trennung von Weiß und Schwarz wurde mit brachialer Gewalt durchgesetzt und trieb Südafrika in die internationale Isolierung.
Die Ausgrenzung aller „Nicht-Weißen", und dazu gehörten auch die Inder und Asiaten, wurde bis 1979 mit immer neuen Gesetzen vorangetrieben. Das Sittengesetz von 1957 verbot den sexuellen Umgang zwischen Menschen verschiedener Rassen, ein weiteres Gesetz verbot Angehörigen verschiedener Rassen, derselben politischen Partei anzugehören. In den Schwarzenvierteln, den sogenannten Townships, kam es zu ersten Protesten und zu blutigen Auseinandersetzungen mit der Polizei. Gemäßigte schwarze Führer verabschiedeten ein „Freiheitsmanifest", in dem gleiche Rechte für alle Bewohner von Südafrika gefordert wurden – ungeachtet ihrer Herkunft oder Rasse. Im März 1960 kam es zum blutigen Massenprotest des „Pan-African Congress", einer radikalen Splitterpartei des ANC. In Sharpeville bei Johannesburg wurden 69 Schwarze erschossen und 178 verletzt. Der ANC und der PAC wurden von der Regierung verboten. Bereits in den 1960er-Jahren gab es Versuche, die konservative Politik der Regierung abzulösen und in eine gemäßigte Richtung zu steuern. Die Reservate wurden in „Homelands" umgewandelt und sollten den Schwarzen die Möglichkeit bieten, sich selbst zu verwalten. Die Republik Südafrika öffnete sich anderen Ländern und nahm den Dialog mit der Welt auf. Aber der Prozess verlief schleppend, scheiterte auch an der mangelnden Bereitschaft radikaler Schwarzenführer, die einen Machtkampf zwischen der Xhosa-dominierten ANC und der Zulupartei „Inkatha" begannen. Die Gruppen lieferten sich erbitterte Kämpfe in den Homelands.

Das Ende der Apartheid

In den 1980er- Jahren wurde der Protest immer heftiger. Es kam zu Anschlägen und blutigen Unruhen. Die Wirtschaft erlebte einen radikalen Niedergang, die Währung verfiel, das

In der Northern Province ist Südafrika am afrikanischsten. Tzaneen, eine kleine Stadt am Letabafluss, wurde 1912 gegründet und gilt als Zentrum eines fruchtbaren Agrarlandes. Die Debegeni Falls gehören zu den größten Sehenswürdigkeiten.

Land sah sich von der restlichen Welt isoliert. Die Unverbesserlichen unter den konservativen Weißen riefen nach drastischen Maßnahmen gegen die aufständischen Schwarzen, aber selbst die National Party sah inzwischen die Notwendigkeit gekommen, dem Land eine demokratische Verfassung zu geben. Im Februar 1990 sprach sich Frederik Willem de Klerk für das Ende der Apartheid und ein demokratisches Südafrika aus. Das Verbot des ANC wurde aufgehoben. Nelson Mandela, einer der bedeutendsten schwarzen Führer, wurde nach 27-jähriger Haft entlassen. Die Regierung und der ANC unterschrieben einen Gewaltverzicht. Im April 1994 fanden die ersten freien Wahlen statt, und Nelson Mandela wurde zum ersten schwarzen Präsidenten ausgerufen.

Die Zukunft hat begonnen, und die Welt blickt mit anderen Augen nach Südafrika. Jetzt sind es die Vielseitigkeit und die Schönheit der Landschaft, die exotische Tierwelt und die pulsierenden Städte, welche die Aufmerksamkeit auf sich lenken: Kapstadt, die weltoffene Stadt am Kap der Guten Hoffnung. Die atemberaubende Aussicht vom legendären Tafelberg, über den Lion's Rump und den Signal Hill in malerische Küstenorte wie Seaport und Clifton. Das windumtoste Kap. Das romantische Land um Stellenbosch und Franschhoek mit seinen Weingütern. Über 90 000 Straußenvögel auf den Farmen bei Oudtshoorn, der sonnigen Hauptstadt des Little Karoo. Im Dampfzug durch tiefe Schluchten und Täler, über Viadukte und Brücken nach Knysna. Die Diamantenminen in Kimberley. Das „Drakensberg Amphitheater" im Royal Natal National Park. Über die Garden Route an den Strand und in Badeorte wie Mossel Bay und Plettenberg Bay. Der Kruger National Park, der Klassiker unter den Naturschutzgebieten und Heimat der „Big Five" (Nashorn, Elefant, Löwe, Leopard, Wasserbüffel), das malariafreie Kwandwe Game Reserve, der Addo Elephant National Park mit seinen riesigen Elefantenherden. Das hektische Johannesburg, die Hauptstadt Pretoria, der grandiose Blyde River Canyon. Das Spielerparadies Sun City mit seinen futuristischen Palästen und gleißenden Lichtern. Durban und traumhafte Badestrände am Indischen Ozean, die Zulu

Cultural Villages. Die Wildblumen im Namaqualand. Die Kalahari und der Golden Gate National Park.
Ein aufregendes und schönes Land, das verzweifelt bemüht ist, seine dunkle Vergangenheit abzustreifen. Noch sind die Vorurteile aus dem letzten Jahrhundert nicht überwunden. Der Weg in einer bessere Zukunft ist lang und steinig, das wissen auch die Südafrikaner, die Schwarzen und die Weißen. Und doch zeigt der ungebremste Optimismus, dass schon der Versuch, verkrustete Vorurteile zu überwinden, ein Land verändern kann. Südafrika ist auf dem richtigen Weg. Und hat endlich wieder Besucher, die sich an der grenzenlosen Schönheit des Landes erfreuen können.

Seite 22/23:
Im Ndebele Village, inmitten des Botshabelo Game Reserve, leben die Nachkommen christlicher Afrikaner, die wegen ihres Glaubens von den eigenen Häuptlingen verfolgt wurden. Die Mission wurde von dem Deutschen Alexander Merensky gegründet.

Seite 24/25:
Der Blyde River Canyon gehört zu den landschaftlichen Highlights im südlichen Afrika. In der zerklüfteten Berglandschaft regnet es sehr häufig und heftig, sodass die abfließenden Wassermassen den Canyon auch heute noch verändern.

Die Kapprovinzen – Elefanten, Strauße und guter Wein

Wie ein weißes Tischtuch liegen die leuchtenden Wolken auf dem Tafelberg. Mit einer 1244 Meter langen Seilbahn gelangt man von Kapstadt auf den 1067 Meter hohen Berg. Die Aussicht ist atemberaubend.

Kapstadt ist international. Ein buntes Gemisch von Völkern und Rassen, ein multikultureller Schmelztiegel. „Das Gasthaus der Meere" wurde die Siedlung genannt, weil der holländische Seefahrer Jan van Riebeeck dort ausgedehnte Gemüsegärten für die vorbeifahrenden Handelsschiffe anlegen ließ (1652). Die Gastfreundschaft der Kapstädter ist geblieben, wurde zum Markenzeichen der Küstenstadt, so wie die Vielfalt der Baustile: viktorianische Gebäude, holländische Landhäuser und die pastellfarbenen Häuser der Malaien.

Der Tafelberg gehört zum Pflichtprogramm in Kapstadt. Einen Kilometer ragt der gewaltige Felsen hinter der Stadt auf, an manchen Tagen von einem Tischtuch aus rosafarbenen Wolken bedeckt. Die Aussicht vom Gipfel ist gigantisch, reicht über den Lion's Rump und den Signal Hill in malerische Küstenorte wie Seaport und Clifton. Wild und stürmisch das nahe Kap der Guten Hoffnung. Wenige hundert Meter entfernt Cape Point und die unsichtbare Trennlinie zwischen Atlantik und Indischem Ozean.

Erstklassiger Wein gedeiht im romantischen Rebland von Stellenbosch, Franschhoek und Paarl. Die Garden Route führt zu den malerischen Buchten und Sandstränden von Mossel Bay und Knysna, vorbei an schroffen Klippen und tiefgrünen Flusstälern. Die Trekburen, die entlang dieser Route nach Osten zogen, sprachen von einem „Garten Eden". Zwischen Storms River und Kei River lockt die warme „Sunshine Coast". Von den Straußenfarmen bei Oudtshoorn (zum Besichtigungsprogramm gehören Straußenrennen mit mutigen Urlaubern) kommen schmackhafte Straußensteaks, fast schon ein Nationalgericht in Südafrika. Nördlich der Großstadt Port Elizabeth, in Südafrika „P. E." abgekürzt, leben ungefähr 200 Elefanten im Addo Elephant Park.

QUAY FOUR
FISHING CHARTERS
AMEERA
GREEK FISHERMAN
GREEK FISHERMAN
GREEK FISHERMAN

UNION
MART
SALE
Sunsail
TASCA
Schweppes
GREEK FISHERMAN
OudeMeester

Seite 28/29:
Die beiden ältesten Docks von Kapstadt wurden zu einem Entertainmentkomplex mit Restaurants und Läden umgebaut. Auch das südafrikanische Seefahrtsmuseum befindet sich an der Victoria and Alfred Waterfront.

Seite 30/31:
Kapstadt gehört zu den schönsten Städten der Erde. Sie wurde 1652 von Jan van Riebeeck gegründet, der im Auftrag der Ostindischen Handelskompanie ins südliche Afrika gekommen war. Für die Seeleute war Kapstadt ein „Garten Eden“.

Linke Seite:
Bequem fährt man mit der Seilbahn von der Talstation Kloof Nek zur Aussichtsplattform des Tafelberges mit einem sensationellen Blick über Kapstadt.

Hat man die Aussichtsplattform des Tafelberges erreicht, reicht der Blick weit hinein ins Land und über die Stadt hinaus auf den Atlantik. Natürlich nur, wenn sich nicht das berühmte Tafeltuch, ein Wolkenschleier über den Berg legt.

Einst konnte man sich im alten Restaurant des Tafelberges von den Anstrengungen des Aufstiegs erholen. Übrigens gedeiht auf dem Tafelberg eine einzigartige Flora und Fauna, die speziell dem Leben auf dem Berg angepasst ist.

Links:
Wie ein griechischer Tempel ragt die Universität von Kapstadt vor dem Tafelberg empor. Die Bildungssituation der Schwarzafrikaner verbessert sich nur langsam – zu tief sind die Wunden der Apartheid.

Rechts:
Das Rathaus (City Hall) von Kapstadt wurde um 1900 im italienischen Renaissancestil erbaut. Es liegt an der „Grand Parade“, dem ehemaligen Truppenparadeplatz, und ragt wie eine Kirche aus dem Häusermeer empor.

Kleine Bilder links:
Buntes Treiben in der Innenstadt von Kapstadt: auf dem Flohmarkt am Greenmarket Square (oben links), in einem Coffee House an der Long Street (oben rechts), auf dem Souvenirmarkt bei Camps Bay (unten links) und beim Cape Coon Carnival (unten rechts).

Nelson Mandela – ein Leben für den Widerstand

Den Friedensnobelpreis akzeptierte Nelson Mandela „für alle Menschen in Südafrika, die für den Frieden und gegen den Rassismus gearbeitet haben" – auch in der Stunde seines größten Triumphes blieb der Staatsmann bescheiden und zurückhaltend. „Ich habe gegen die weiße und die schwarze Herrschaft gekämpft", sagte er, „ich habe das Ideal einer freien und demokratischen Gesellschaft herbeigesehnt, in der alle Menschen harmonisch zusammenleben und gleiche Chancen haben! Wenn es sein müsste, würde ich für dieses Ideal sterben!"
Nelson Mandela wurde am 18. Juli 1918 in einem kleinen Dorf bei Umtata geboren. Als Häuptlingssohn war er dazu bestimmt, ein hohes Amt in seinem Stamm zu übernehmen. Er besuchte eine Missionsschule und die Methodist Boarding School in Healdtown. Vom University College in Fort Hare wurde er suspendiert, weil er an einer Protestveranstaltung teilgenommen hatte. Er machte seinen Abschluss im Fernstudium und studierte Jura an der University of the Witwatersrand. Mitte der vierzigerjahre, als die südafrikanische Regierung in Pretoria sich anschickte, die Rassentrennung in allen Lebensbereichen durchzusetzen, begann er mit seiner politischen Arbeit. „Widerstand ist mein Leben" wurde zum Leitsatz für den entschlossenen Mann, der 1952 als erster Schwarzer eine Anwaltskanzlei in Südafrika eröffnete.

Der African National Congress

Er schloss sich dem African National Congress (ANC) an, einer Widerstandsgruppe der Schwarzen, die sich offen gegen die unmenschliche Politik der weißen Herren in Pretoria stellte. Zusammen mit Anton Lembede und anderen jungen Schwarzen versuchte er, aus den vereinzelten Aktionen des ANC eine Massenbewegung zu formen. Um einen radikaleren Weg als die konservativen Führer einschlagen zu können, die sich allein auf höfliche Anfragen und Petitionen verließen, gründete er die African National Congress Youth League (ANCYL). Mit ihrem „Programme of Action", das nach den Wahlen (nur Weiße waren stimmberechtigt!) und der Machtübernahme durch die National Party auch vom ANC angenommen wurde, waren auch Boykott, Streik und ziviler Ungehorsam als Mittel des Protestes zugelassen. Mandela übernahm eine Führungsrolle. Volle Gleichberechtigung, bessere Ausbildung für schwarze Kinder und ein Parlament, in dem auch die schwarzen Südafrikaner repräsentiert waren, gehörten zu den wichtigsten Zielen der jungen Politiker.

Dann wurde Nelson Mandela wegen Hochverrats angeklagt und nach vier Jahren freigesprochen. Es sollte nicht die einzige Anklage bleiben. Ihm wurde verboten, an öffentlichen Versammlungen teilzunehmen, und er durfte Johannesburg sechs Monate nicht verlassen. Auch als Rechtsanwalt litt er unter den Apartheidgesetzen und der Willkür der weißen Regierung. Man zwang ihn, seine Praxis in einen entfernten Außenbezirk zu legen, und versuchte, ihm die Lizenz zu entziehen. Nach dem Sharpevillemassaker (1960), bei dem Polizisten wahllos in eine Menge friedlich protestierender Schwarzer schossen, wurde der ANC aus Angst vor Racheakten verboten. Mandela arbeitete im Untergrund weiter. Er wurde zur Galionsfigur des schwarzen Widerstandes und forderte eine demokratische Verfassung.

18 Jahre Robben Island

Wieder musste der verzweifelte Politiker untertauchen. Erst, nach vielen Jahren des gewaltlosen Widerstands kam er zu dem Schluss, dass der selbstherrlichen Regierung nur mit Gewalt beizukommen war. Im Untergrund gründete er den „Umkhonto we Sizwe" (MK), einen militärischen Flügel des ANC. Er wurde festgenommen und im November 1962 zu fünf Jahren Gefängnis und während seiner Gefangenschaft zu einer lebenslänglichen Haftstrafe wegen Sabotage verurteilt. Achtzehn Jahre verbrachte er – abgeschirmt von der restlichen Welt – auf der Gefängnisinsel Robben Island. Im April 1984 wurde er nach Kapstadt und 1988 ins Victor Verster Prison bei Paarl verlegt. Alle Angebote, das Gefängnis gegen Zugeständnisse zu verlas-

Links:
Nelson Rolihlahla Mandela wurde als Angehöriger der Xhosa geboren, die der Nguni Volksgruppe zugerechnet werden. Hier präsentiert er sich als junger Mann in traditioneller Tracht.

sen, lehnte er ab. „Nur freie Männer können verhandeln“, sagte er zu den Abgesandten der Regierung. Er wurde zum Märtyrer der schwarzen Bevölkerung.
Am 11. Februar 1990 endete seine Leidenszeit. Er wurde entlassen und nahm sogleich wieder aktiv an der Politik teil. Nach heftigen Kämpfen schaffte er 1993 den Durchbruch. Am 10. Mai 1994 wurde er zum ersten schwarzen Präsidenten Südafrikas gewählt. Er erhielt den Friedensnobelpreis und führte sein Land in eine neue Zukunft. 1999 trat er aus Altersgründen zurück. Im Jahr 2013 ist Nelson Mandela gestorben.

Oben:
Mit dem African National Congress protestierte Mandela gegen die weißen Unterdrücker in Pretoria. Er wurde wegen Hochverrats angeklagt und auf die Gefängnisinsel Robben Island verbannt.

Rechts oben:
Die Mitglieder des ANC wehrten sich gegen die ungleiche Behandlung der Schwarzen gegenüber den Weißen und forderten gleiche Rechte. Sie wurden gnadenlos verfolgt und von der Polizei angegriffen.

Rechts Mitte und rechts:
Das Eingangstor von Robben Island – für Mandela bedeutete der Gang durch „The Gate“ den Beginn einer langen Einzelhaft, die erst am 11. Februar 1990 mit seiner Freilassung endete.

Das Rhodes Memorial in Kapstadt erinnert an den Premier der Kapkolonie (1890–1896). Cecil Rhodes wanderte aus gesundheitlichen Gründen nach Südafrika aus, schuf ein Vermögen mit Diamanten und kümmerte sich vor allem um die Wirtschaft des Landes.

Seit 1855 tagt die Regierung im Houses of Parliament in Kapstadt. Das Gebäude ist von den eindrucksvollen Gärten der Holländisch-Ostindischen Handelskompanie umgeben, in denen Jan van Riebeeck einst Obst und Gemüse anbaute.

Das Castle of Good Hope in Kapstadt, das erste Steingebäude von Südafrika, wurde von 300 Matrosen in einem Jahr erbaut. Jeder einzelne Stein stammt aus Holland. Die Wehrtauglichkeit der Anlagen wurde nie getestet.

Das Malaienviertel in Kapstadt entstand im 17. Jahrhundert und ist durch bunte Häuser und Minarette geprägt. Hier wohnen die Nachkommen der Sklaven, die im 17. Jahrhundert aus Asien deportiert wurden.

Linke Seite:
Die Parkanlage Company's Garden gehört zu den grünen Aushängeschildern Kapstadts. Der Botanische Garten hat dort seinen Platz, wo die ersten weißen Siedler ihr Obst und Gemüse anpflanzten. Das kleine Wegenetz lädt zum Spaziergang ein, Wasserspiele dürfen nicht fehlen.

Wie ein Wächter erhebt sich der Tafelberg über der Stadt, die einige herrliche Quartiere bietet. Darunter liegt das Hotel Nelson, in dem man äußerst komfortabel unterschlüpft.

Die in Kapstadt gelegene South African National Gallery markiert einen der Kulturpole des Landes. Hier sind hauptsächlich Werke einheimischer Künstler zu sehen, aber auch Bilder britischer, französischer und niederländischer Maler des 17. bis 20. Jahrhunderts.

Seite 42/43:
Unterhalb des Lion's Head, auf dem sich früher eine Signalstation befand, erstreckt sich Camps Bay, eine von zahlreichen romantischen Buchten in der Umgebung von Kapstadt.

Unten:
Südafrika ist ein Paradies für Wassersport: Windsurfer bevorzugen den Bloubergstrand mit dem schönsten Blick auf den Tafelberg.

Ganz unten:
Zwar gibt es im Wasser zum Teil Haie, doch werden die Badegäste in den Ferienorten durch Netze geschützt. So können sie sich am Clifton Beach unbesorgt tummeln.

Rechts:
Über den Chapman's Peak Drive, eine kurvenreiche Bergstraße, erreicht man die malerisch gelegene Hout Bay im Westen von Kapstadt. Die felsigen Landzungen ragen weit in den Atlantik hinein.

Oben:
Die False Bay (Falsche Bucht) bekam ihren Namen von holländischen Schiffskapitänen, die ihre Boote in die Bucht steuerten – in der irrigen Annahme, sie könnten auf diesem Weg das nahe Kapstadt erreichen.

Rechts:
Der Chapman's Peak Drive im Westen von Kapstadt wurde während des Ersten Weltkriegs erbaut und galt damals als Meisterleistung des Straßenbaus. Zwischen schroffen Felsen und dem Atlantik führt die Straße zum Meer hinab.

Oben:
Die Urlaubssaison im südlichen Afrika beginnt im Oktober. Das Wasser des Indischen Ozeans ist warm genug für ein ungetrübtes Badevergnügen. Eisige Strömungen halten das Wasser des Atlantiks frisch.

Links:
Hout Bay gehört zu den bekanntesten Fischereihäfen der westlichen Kaphalbinsel. Der Ort ist für seine Langusten bekannt. Ein Ausflug führt zu den Seelöwen auf der nahen Duiker Island.

Seit 1939 steht der südliche Teil der Kaphalbinsel unter Naturschutz. In den Felsen verstecken sich Antilopen, Gnus, Springböcke und Warzenschweine, und überall blühen die roten Protea. Vorsicht ist vor den angriffslustigen Pavianen geboten!

Südöstlich von Simon's Town tummeln sich seltene Pinguine im klaren Wasser – ein Highlight besonders für Kinder. Eine Besichtigungsfahrt über die Kaphalbinsel ist immer ein unvergessliches Erlebnis.

Rechte Seite:
Vom Cape Point blickt man auf das gefürchtete „Kap der Guten Hoffnung", das zu den stürmischsten Orten der Erde gehört und zahlreichen Segelschiffen zum Verhängnis wurde. Seinen Namen hat es von dem portugiesischen Seefahrer Bartholomeu Diaz.

Seite 50/51:
Über den Franschhoek Pass führt die Straße ins Weinland hinab. Er hieß früher „Olifants Pass“, weil der Weg von Elefanten in vielen Jahren ausgetrampelt wurde. 1819 wurde die Straße für den Verkehr ausgebaut.

Bereits Jan van Riebeeck, der erste Gouverneur im Kapland, ließ Weinreben aus Deutschland, Spanien und Frankreich im mediterranen Klima des Kaps anpflanzen. Im Weingut „Klein Constantia“ werden besonders gute Dessertweine hergestellt.

In der Weinkellerei „Vergelegen“ und anderen „Estates“ an der Weinroute kann man die köstlichen Weine vom Kap bei einem kleinen Imbiss kosten. Die meisten Weingüter sind im kapholländischen Stil gebaut.

Rechte Seite:
Das Weingut „L’Ormarins“ gehört zu den schönsten Gebäuden im Weinland von Franschhoek. Inmitten einer lieblichen Umgebung werden hervorragende Weine kredenzt.

Wein aus Südafrika – erstklassige Spitzenerzeugnisse

Guter Wein muss wachsen", vertraut Achim von Arnim dem Zusammenspiel von natürlichen Kräften. Sein „Pierre Jourdan Brut", nach der Methode Champenoise gekeltert, gehört zu den begehrtesten Champagnern von Südafrika. Mit dem Säbel eines französischen Kavallerieoffiziers öffnet er eine Flasche. Die Sabrage, früher eine Notwendigkeit, weil der Korken oft steckenblieb, heute ein Werbegag, ist zum Markenzeichen des geschäftstüchtigen Deutschen geworden. Die Urlauber, die sein Weingut am Franschhoek River besuchen, klatschen begeistert. Cabriäre, das Weingut des deutschen Unternehmers, ist eine Attraktion. Es wurde im 17. Jahrhundert von französischen Hugenotten gegründet. Die Geschichte des südafrikanischen Weinanbaus reicht weit zurück. Bereits die ersten Siedler bemerkten, dass sich das südafrikanische Klima hervorragend für den Weinanbau eignete. Sie brachten einige Rebstöcke aus Frankreich mit und kelterten um 1650 den ersten Wein. Zum begehrtesten Anbaugebiet wurde das regenreiche Küstengebiet, das vor allem trockene Weine hervorbringt. Ein kalter Meeresstrom und frische Winde sorgen für ein gemäßigtes Mittelmeerklima. Im Landesinneren ist es schwüler, und für wirklich erstklassige Weine fehlt Niederschlag. Seit 1973 gibt es ein „Wine of Origin"-System, das genau bezeichnet, aus welcher Gegend ein südafrikanischer Wein stammt – nachzulesen auf dem Label.

Als Zentrum des Weinlandes gilt Stellenbosch, die zweitälteste Stadt von Südafrika, um 1679 von Simon van der Stel gegründet. Historische Bauten aus der Kolonialzeit und blühende Jacarandabäume bestimmen das Stadtbild. Zwischen dem Helderberg im Südosten und dem Simons- und Stellenboschberg im Osten, liegt ein 16 000 Hektar großes Anbaugebiet, über 15 Prozent des gesamten Weinanbaugebiets in Südafrika. Zu den besten Weinen in der Umgebung von Stellenbosch gehören kräftige Rotweine wie Cabernet Sauvignon, Merlot und Pinotage, die beliebtesten Weißweine sind Sauvignon Blanc, Chardonnay und Semillon.

Fruchtbare Täler und blühende Gärten

Noch romantischer ist Franschhoek, das zwischen 1688 und 1690 zur Heimat von 200 Hugenotten wurde. Die Siedlung liegt inmitten ausgedehnter Weinberge und ist für ihre fruchtbaren Täler und blühenden Gärten bekannt. Durch einen Stausee und kalkreichen Boden wurde der Anbau in der Gegend um Robertson begünstigt. Früher weideten hier nur Rinder und Schafe. Den preiswertesten Wein bekommt man in den großen Genossenschaftskeltereien am Olifants River. Auch die fruchtbaren und sonnigen Täler von Klein Karoo sind für ihre erstklassigen Anbaugebiete bekannt. Nur im mediterranen Klima des Westkaps entwickelt der Wein seinen vollen und reifen Geschmack. Die Weinbauern schätzen die langen, nicht zu heißen Sommer, den Granitboden an den Berghängen und den Malmesbury- und Bokkeveld-Schiefer in den weiten Flusstälern.

Die Ausfuhr von Weinen macht inzwischen einen bedeutenden Teil des südafrikanischen Exports aus. Besonders die Europäer schätzen den trockenen Wein der Küstenregionen. Jährlich finden Weinauktionen im Kapland statt, auf denen Abfüllungen besonders guter Jahrgänge zu horrenden Preisen versteigert werden. Auch ein Zeichen dafür, dass man sich hinter Frankreich und Italien nicht zu verstecken braucht. Um dem steigenden Bedarf nachkommen zu können, legte man in der nördlichen Kapprovinz und im Transvaal neue Weinberge an. Auskunftsbüros halten Broschüren mit den schönsten Weinrouten und Informationen über die vierzehn Anbaugebiete bereit.

Selbst Antialkoholiker kommen auf einer solchen Route auf ihre Kosten. Denn von den Weinbergen zu den Obstanbaugebieten ist es nicht weit. Äpfel und Birnen im Kapland, Aprikosen, Pfirsiche und Pflaumen von den Plantagen bei Villiersdorp und Vyeboom sind einen Umweg wert. Ebenfalls vom Kap und aus dem Transvaal kommen Orangen und Grapefruits. Auf riesigen Plantagen wachsen die für den Export bestimmten Früchte. „Solange die Sonne scheint, brauchen wir uns um die Zukunft keine Sorgen zu machen", sagt Weingutbesitzer Achim von Arnim.

Links:
Stolz zeigt ein Angestellter des Weinguts „Buitenverwachting" die besten Trauben der Ernte. Der Wein wird direkt vor Ort verkauft und auch nach Europa verschickt.

Oben:
Im Weinanbaumuseum von Stellenbosch erfährt man alles über die Entwicklung der Weinkellereien im Kapland. Schon 1656 wurde der erste Wein in dieser sonnenreichen Gegend geerntet.

Bilder rechts, von oben nach unten: *Während der Weinernte darf man hautnah dabei sein, wenn die Trauben auf den Hängen geerntet werden – wie hier im Constantiatal.*

Die größten Weinfässer der Welt stehen in einem historischen Weingut an der „Paarl Wine Route". Die kleine Stadt am Ufer des Berg-River gilt als „Perle" unter den Weinorten.

Eine Weinprobe – wie hier im Keller des Weinguts „Delheim" – gehört zum Pflichtprogramm in Stellenbosch und Umgebung. Der Colombar gehört zu den besten Weinen.

Im „Manor House" von Groot Constantia bleibt die koloniale Pracht der Gründerzeit lebendig. Die kostbaren Hölzer wurden aus dem Inneren Afrikas oder aus Europa mit Segelschiffen importiert.

Linke Seite:
Über den Hex River Pass führt die Straße vom Hochplateau des Karoo in das anmutige Hex River Valley hinab. Dort trifft man auf sanfte Hänge mit Weinreben und Obstplantagen sowie auf historische Weinorte wie Stellenbosch.

Stellenbosch ist für seine historischen Bauten bekannt. Die meisten Häuser wurden während der Zeit der Holländisch-Ostindischen Handelskompanie gebaut. Die Stellenbosch-Universität wurde erst 1918 gegründet.

Die ersten Siedler ließen sich bereits 1680 in der Gegend von Stellenbosch nieder. Ihre weiß gekalkten Häuser und historischen Weingüter wie „Vergelegen" lassen die Pracht der Gründerzeit noch heute ahnen.

Die „Stellenbosch Wine Route" führt zu den wichtigsten Weingütern in der historischen Stadt. In den fruchtbaren Tälern der Umgebung gedeiht der Wein besonders gut. Im „Bergkelder" findet man historische Weinfässer.

Wie die meisten Weingüter ist auch der „Nedlingshof" im kapholländischen Stil erbaut. Ein großes Feuer im Jahr 1710 konnte die Pracht der historischen Häuser nicht zerstören.

__Links:__
Nördlich der Garden Route liegt Little Karoo, eine abwechslungsreiche Landschaft mit schroffen Felsen und weiten Tälern. Die Congo Caves gehören zu den imposantesten Tropfsteinhöhlen der Erde.

Als mächtiges Massiv ragen die Großen Swartberge aus der felsigen Landschaft der Little Karoo. Eine Halbwüste mit bizarren Pflanzen und schroffen Felsformationen prägt den Charakter dieses Landes.

Nur mit dem Geländewagen, zu Fuß oder hoch zu Pferde gelangt man in das unzugängliche Hinterland der Little Karoo. Ausgetrocknete Flussbetten führen tief in die Berge hinein.

__Links:__
Die Garden Route verbindet Storms River Mouth und Mossel Bay und führt durch eine spektakuläre Landschaft. Einen „Garten“ nannten die ersten Siedler das umliegende Land, weil es im Vergleich zum trockenen Binnenland so fruchtbar war.

Linke Seite:
Im Wüstenklima der Little Karoo fühlen sich Strauße besonders heimisch. Die größten Vögel der Erde können nicht fliegen, sind aber sehr schnell (bis zu 65 Stundenkilometer) und schwimmen sogar.

Straußeneier sind so stabil, dass man darauf stehen kann. Sie werden bis zu 15 Zentimeter groß und 1,5 Kilogramm schwer. Jede Henne legt sechs bis acht dieser Eier und braucht dafür ungefähr drei Wochen.

Straußenküken können bereits nach dem Ausschlüpfen laufen und erreichen einen Monat später eine Geschwindigkeit von 50 Stundenkilometern. Erwachsen sind sie im Alter von vier bis fünf Jahren.

Strauße kommen mit dem trockenen Klima bei Oudtshoorn gut zurecht und leben dort auf großen Farmen. Bis zum Ersten Weltkrieg waren ihre Federn sehr begehrt. Heute gilt ihr Fleisch als besonders delikat.

Über 90 000 Strauße leben auf den Farmen in der Little Karoo. Höhepunkt jeder Führung ist ein Straußenrennen, bei dem sich auch Besucher als Jockeys versuchen dürfen.

„The Heads“, zwei mächtige Sandsteinfelsen, ragen vor dem Hafen von Knysna aus dem Meer. Gegründet wurde die Stadt von George Rex, einem Großfarmer, der auf den Holzreichtum des Landes setzte.

Die holländischen Segler der Gründerzeit waren von den Signalen der Leuchttürme abhängig. Wie einsame Wächter stehen Leuchttürme wie „Cape Agulhas“ auf den schroffen Küstenfelsen.

Links:
Der Name „Tsitsikamma“ bedeutet „Sprudelndes Wasser“. An der malerischen Küste des gleichnamigen Nationalparks peitschen die Brecher gegen die Felsen.

Links Mitte:
In Hermanus, einem kleinen Badeort in der östlichen Kapprovinz, erinnert dieser Windmesser im Old Harbour Museum an längst vergangene Zeiten.

Links unten:
Ein breiter Streifen des Meeres wurde in den Tsitsikamma Coastal National Park integriert, um die Wale und Delfine zu schützen. Die Wale kann man zwischen August und Oktober auf ihrer Wanderung beobachten.

Unten:
Der Keurboom Strand bei Plettenberg gehört zu den beliebtesten Badezielen der Südafrikaner. Wind und Wetter haben „The Arch“ geformt, einen steinernen Bogen am Meeresufer.

Linke Seite:
Überall im Tsitsikamma Coastal National Park trifft man auf versteckte Flüssen und Lagunen. Häufige Regenfälle sorgen für eine üppige Vegetation. Die Salt River-Lagune gehört zu den schönsten Ausflugszielen an der Küste.

Felsformationen wie das Coney Glen machen den Reiz der schroffen Küste bei Knysna aus. Im Hinterland wandern Elefanten durch die ausgedehnten Wälder. Schmale Trails führen in die Wildnis hinein.

Oben:
Die Paul Sauer Bridge, eine 192 Meter lange Hängebrücke, spannt sich über den Storms River und gehört zu den eindrucksvollsten Bauwerken im östlichen Kap.

Rechts:
Östlich von Plettenberg liegt der Lookout Beach, einer der lieblichsten Strände von Südafrika. Ein breiter Sandstreifen ragt weit in das Meer hinein, dessen starke Strömungen allerdings nicht ungefährlich sind.

Oben:
Am Strand des romantischen Nature's Valley beginnen zwei Wanderwege durch den Tsitsikamma Coastal National Park: der 72 Kilometer lange Tsitsikamma Trail und der 48 Kilometer lange Otter Trail. Nur auf diesen Wegen erfährt man die ganze Schönheit der Natur.

Links:
Häufige Niederschläge begünstigen das Wachstum der Pflanzen im Tsitsikamma Coastal National Park. Der Regenwald mit seinen Farnen und Flechten erinnert an tropische Urwälder. Aussichtswege führen tief in den Wald hinein.

Links:
Westlich von Port Elizabeth liegt Jeffrey's Bay, das Surferparadies der südafrikanischen Republik. Die Saison beginnt im März. Ganzjährig begeistert ein rosafarbener Strand. Ins Meer sollten sich nur geübte Schwimmer wagen.

Links Mitte:
Ein Highlight für Romantiker ist der Leuchtturm bei Cape Recife. Ansonsten ist Port Elizabeth, von den Südafrikanern kurz P. E. genannt, eine farblose Großstadt, die ihren wirtschaftlichen Aufschwung dem Wollhandel und der Fahrzeugindustrie verdankt.

Links unten:
Die Nationalstraße zwischen Port Elizabeth und East London führt an der Küste entlang. Die meisten Strände sind kaum zum Baden geeignet, dafür kommen Angler voll auf ihre Kosten.

Unten:
Das Meer ist die größte Sehenswürdigkeit an der Straße zwischen Port Elizabeth und East London, hier Port Alfred.

Seite 72/73:
Das Valley of Desolation bei Graaff-Reinet ist eine bizarre Zauberwelt aus verwittertem Stein. Hundert Meter hohe Steinsäulen ragen aus dem felsigen Boden. Steile Wanderwege führen durch das weite Tal.

Seite 74/75:
144 Meter stürzen die Magwa Falls in einen Canyon. Der Wasserfall ganz im Nordosten der Provinz Eastern Cape.

Unten:
Stolz präsentiert die Xhosafrau ihre schmauchende Pfeife – ein Statussymbol für jede verheiratete Frau ihres Stammes. Die Xhosa leben seit dem 16. Jahrhundert in der Transkei, einem unzugänglichen Gebiet an der Küste.

Rechts:
Einige Schwimmer haben bei dem Versuch, das Loch in dem mächtigen Hole-in-the-Wall-Felsen zu durchschwimmen, ihr Leben verloren. Der steinerne Koloss ragt an der Wild Coast in der ehemaligen Transkei aus dem Meer.

Ganz links und links: *Die Transkei, die als erstes Homeland die Unabhängigkeit erlangte, ist heute noch ein „schwarzer Staat“. Die heimischen Xhosa sind sehr arm und halten sich mit Landwirtschaft über Wasser.*

Schon die Kinder der Xhosa arbeiten als Rinderhirten auf den Weiden oder versuchen, die Haushaltskasse ihrer Familie durch den Verkauf von Obst aufzubessern. Besucher kommen selten in diesen Teil von Südafrika.

Mächtige Könige und unerschrockene Krieger

Am Anfang waren die Buschmänner. Schon vor 15000 Jahren zogen die gelbhäutigen Nomaden über die afrikanische Steppe. Ihre Felsmalereien erzählen von abenteuerlichen Jagdzügen im Süden. Mit ihnen verwandt sind die Hottentotten, die eigentlich Khu-Khun heißen und sich in Nama (in Namibia) und Orlam (in Südafrika) aufgliedern. Sie lebten von der Viehzucht und wurden von ihren schwarzen Nachbarn und weißen Siedlern regelrecht überrannt. Reinrassige Khu-Khun leben nur noch in Namibia.

Den größten Anteil der Schwarzafrikaner in Südafrika stellen die Nguni oder Zulu. Sie kamen im 16. Jahrhundert nach Südafrika und fielen mit ungewöhnlicher Grausamkeit und Härte über die dort lebenden Stämme her. Ihr berühmtester Anführer war Shaka (1788–1828), der einen kurzen Stechspeer für den Nahkampf entwickelte und durch seine wilde Entschlossenheit und Machtgier dafür sorgte, dass alle anderen Völker vor den Zulu in die Knie gingen. Sogar die Engländer mussten sich bei Isandhlwana geschlagen geben. „Sie sind ein erstaunliches Volk“, schrieb Premierminister Disraeli. „Sie besiegen unsere Armee und stürzen das britische Empire!“ Die Zulu kannten keine Gnade, erbeuteten das Land und den Besitz ihrer Feinde, versklavten die Bewohner der Dörfer und schufen ein mächtiges Reich.

Medizinmänner und Hexen

Die Zulu lebten in Kraals, umzäunten Dörfern mit kuppelförmigen Grashütten, die ungewöhnlich sauber waren. Beißender Rauch und Kuhmist vertrieben das Ungeziefer. Sie glaubten an Unkulunkulu, einen allmächtigen Gott, der sich nach der anstrengenden Schöpfung zurückzog und die Menschen ihrem Schicksal überließ. Obwohl die meisten Zulu zum Christentum übergetreten sind, spielen Medizinmänner und Hexen auch heute noch eine besondere Rolle. Nach dem Tod wandert die Zuluseele in eine andere Welt. Ein Zulukönig besaß uneingeschränkte Macht, regierte wie ein mittelalterlicher Papst und entschied über Leben und Tod. Im demokratischen Südafrika repräsentiert er lediglich. Circa elf Millionen Zulu leben im heutigen Südafrika und ihre Sprache gilt als dritte Amtssprache.

Hundert Jahre vor den Zulu wanderten die Sotho ins spätere Südafrika ein. Besonders die Süd-Sotho hatten unter den Angriffen der Zulu zu leiden. Zwischen 1821 und 1824 wurden ihre Dörfer von Shaka und seiner Armee fast vollständig zerstört. Die Überlebenden der heimtückischen Überfälle flohen nach Lesotho, wo sie heute noch den größten Bevölkerungsanteil stellen. Das ehemalige Basutoland ist seit 1966 unabhängig. Auch im Nordwesten der südafrikanischen Republik und im ehemaligen Homeland QwaQwa leben Sotho. Die Angehörigen dieses Volkes tragen kegelförmige Hüte und gemusterte Decken und sind für ihr Kunsthandwerk und für ihre stämmigen Pferde bekannt, die Basutoponys. Die Frauen haben wesentlich mehr Rechte als bei den Zulu. Die Nord-Sotho leben im ehemaligen Lebowa.

An den charakteristischen Klicklauten, die sie von den Hottentotten übernahmen, erkennt man die Xhosa. Sie stießen im 17. Jahrhundert mit den Weißen zusammen und mussten sich nach mehreren Kriegen gegen die Siedler geschlagen geben. Heute leben sie im Ostkap. Ihr größtes Unglück hatten sie der unheilvollen Prophezeiung eines Medizinmanns zu verdanken, der 1856 versprach, dass alle Weißen aus ihrem Land verschwinden würden, wenn die Xhosa ihr Vieh töteten und ihre Ernte vernichteten. Die Prophezeiung erfüllte sich nicht, und Tausende verhungerten oder ergaben sich den Weißen. Das Schicksal des Volkes wurde von einem Oberhäuptling bestimmt, der auch persönlichen Besitz anhäufen durfte. Das Land gehörte dem Volk. Einer der berühmtesten Xhosa ist Nelson Mandela, dessen Ur-Ur-Großvater Ngubenengcuku ein bekannter Unterhäuptling war.

Die Ndebele kamen im 16. Jahrhundert nach Südafrika und leben nordöstlich von Pretoria und rund um Middelburg. Einige ihrer besonders farbenfrohen Häuser kann man noch heute

Links:
Das kriegerische Volk der Zulu unterdrückte zahlreiche Stämme und leistete sogar der britischen Armee jahrelang erfolgreichen Widerstand. Ihre Grausamkeit im Kampf war gefürchtet.

auf der ehemaligen Missionsstation Botshabelo besichtigen. Auch beim Schmuck zeigt sich ihre Farbenkunst. Die Metallreifen und Perlenwülste sind mit leuchtenden Farben verziert. Im BMW-Museum in München steht ein Auto, das von Prinzessin Helen Sibidi mit Ndebelefarben verziert wurde. Ein anderes Volk, die Swazi, kommt aus dem heutigen Mocambique und schaffte es, niemals die Waffen gegen die Weißen zu erheben. Ihr Land wurde nacheinander von den Buren und den Engländern besetzt. Heute ist Swaziland ein unabhängiges Königreich, das immer noch von den alten Sitten und Gebräuchen bestimmt wird. Der König hat das Sagen, und wenn er verreist ist, regiert seine Mutter ...

Oben:
Der Jugend gehört die Zukunft. Auch über zehn Jahre nach dem Ende der Apartheid ist die Gleichberechtigung der schwarzen Bevölkerung noch nicht vollzogen, hofft man auf den Einsatz der jungen Menschen für eine bessere Zukunft.

Rechts oben:
Nördlich von Pretoria haben die Ndebele eine Heimat gefunden. Sie sind für ihre farbenfrohen Muster bekannt. Ihr fantasievoller Schmuck wird hoch gehandelt. Selbst ihre Häuser sind bunt verziert.

Rechts:
Ihre Identität finden die meisten Schwarzafrikaner immer noch in der Stammesgemeinschaft. Die alten Riten und Legenden geben ihnen die Kraft, in einer sich rasant verändernden Welt zu überleben.

Links:
Skurrile Felsgebilde findet man in den Cedar Mountains: Diese Steinnadel wird „Malteser Kreuz“ genannt.

Links Mitte:
In den Cedar Mountains haben zahlreiche Felsmalereien der Buschmänner überdauert, die dieses Gebiet vor einigen Jahrhunderten bevölkerten.

Links unten:
Ein Felskoloss auf Säulen zwischen Clanwilliam und Ceres in den Cedar Mountains beeindruckt durch seine bizarre Form.

__Unten:__
Ein Teil der malerischen Cedarberge wurde zum Naturschutzgebiet erklärt. Inmitten dieses Areals ragt der Wolfberg Arch aus dem felsenreichen Land. Wind und Wetter nagen noch immer an der Felsformation.

Unten:
Im Westcoast National Park führen die Straßen durch farbenprächtige Blütenteppiche. Während der Regenzeit im Frühjahr blühen die orangefarbenen Namaqua Daisies und andere Wildblumen.

Rechts:
Das Postberg Nature Reserve im Westcoast National Park ist ein Paradies für Blumen und Vögel. Über 60 000 Vögel, darunter Kormorane und Möwen, nisten in dem Naturschutzgebiet und in den nahen Sumpfgebieten.

Rechts:
Das Postberg Nature Reserve befindet sich im privaten Besitz, ist aber zur Blütezeit zwischen August und Oktober auch für die Öffentlichkeit zugänglich. So weit das Auge reicht, bedecken dann bunte Blumen das Land.

Seite 86/87:
Die Köcherbäume haben ihren Namen von den Buschmännern, die ausgehöhlte Äste als Köcher für ihre Pfeile benutzten. Die Bäume speichern den Regen in ihren dicken Blättern und überleben auch im trockenen Sand.

Unten:
Der Kalahari Gemsbock Park reicht bis nach Botswana hinein. Die Grenze ist offen, damit die Wildtiere nicht in ihren Wanderungen behindert werden. Dieses Erdhörnchen kümmert sich wenig darum.

Ganz unten:
Auob und Nossob, die beiden einzigen Flüsse im Kalahari Gemsbock Park, führen selten Wasser. Die Ufer des Auob sind mit Kameldornbäumen und Gras bewachsen, am Nossob gibt es gar keine Vegetation.

Unten:
Das Gebiet des Kalahari Gemsbock Park war weißes Farmland, bevor es unter Naturschutz gestellt wurde. Heute kann man Springböcke, Antilopen, Gnus und sogar Löwen und Geparden beobachten.

Rechts:
Der Oranje River ermöglicht das Leben in den Wüstengebieten des Augrabies Falls National Parks. Er entspringt in den Drakensbergen und stürzt 70 Meter tief in die Augrabieschlucht. Die hier lebenden Korana Khoikhoi nannten ihn „akurabis“ – „Wasser, das donnert“.

Lesotho ist ein eigenständiges Königreich inmitten der südafrikanischen Republik. Die Bewohner leben von der Landwirtschaft. Felsmalereien erinnern an die Buschmänner, die einst durch die Berge streiften.

Las Vegas in der afrikanischen Savanne: Im ehemaligen Homeland Bophuthatswana entstand Sun City, ein fantasievoller Vergnügungskomplex mit luxuriösen Hotelanlagen und riesigen Kasinos und Showrooms. Inmitten einer märchenhaften Parklandschaft mit tiefgrünen Golfplätzen und blühenden Gärten erheben sich Paläste wie aus Tausendundeiner Nacht. Während der Apartheid galt Sun City als verrucht, weil es mit Glücksspiel und Nacktshows den calvinistischen Idealen der weißen Regierung widersprach. Inzwischen sieht man die Dinge lockerer und nimmt den „Sündenpfuhl" als das, was er ist: eine schillernde Oase in der afrikanischen Natur.

Das „Platte Land", wie der Free State von den Einheimischen genannt wird, liegt im östlichen Südafrika. Der frühere „Oranje Vrystaat" wurde von den Buren gegründet, die mit dem „Großen Trek" in diese Gegend kamen, und wird noch heute durch das Gedankengut dieser gottesfürchtigen Siedler geprägt. Die Dutch Reformed Church der ersten Einwanderer duldet keine Laster – ein Sun City wäre im Free State unmöglich! Doch die Bewohner des Landes verweisen auf andere Attraktionen: den Golden Gate National Park mit seinen leuchtend goldenen Sandsteinfelsen sowie das kleine Willem Pretorius Game Reserve, in dem man seltene Tiere beobachten kann. Bloemfontein (Blumenquelle), die Hauptstadt des Free State, wurde 1840 gegründet, als ein Siedler an einer Quelle mit unzähligen Wildblumen lagerte.

In Kwazulu Natal, dem ehemaligen Homeland des mächtigen Zuluvolkes, dominiert Durban, eine moderne Großstadt mit traumhaften Badestränden am Indischen Ozean. Zu den ältesten Wildparks des Landes zählt das Hluh-luwe Game Reserve, das 1895 gegründet wurde und die afrikanische Savanne so zeigt, wie sie im 19. Jahrhundert aussah. Lesotho, ein unabhängiges Königreich inmitten der Republik Südafrika, lockt mit der faszinierenden Bergwelt der Blue Mountains.

Links:
Im St. Lucia Game Reserve sind zahlreiche Gewässer und ein breiter Landstreifen geschützt. Bewaldete Sanddünen trennen das Gebiet vom Indischen Ozean. In den Sümpfen wachsen Schilf und Mangroven.

Über 400 Flusspferde leben im Naturschutzgebiet von St. Lucia. Auf geführten Wildnistouren kommt man (relativ) dicht an die gemütlich aussehenden, aber sehr gefährlichen Tiere heran.

Im Sodwana Bay National Park, einem Feuchtgebiet zwischen Sodwana River und dem Ozean, leben seltene Vögel wie der Zulu Batis und der Rudd's Apalis. Am Meer erheben sich sanfte Sanddünen.

Seite 90/91:
Als bedeutende Industrie- und Hafenstadt hat Durban sich einen Namen gemacht – aber auch als beliebtes Urlaubsziel für strandhungrige Urlauber. Der South Beach und der North Beach liegen in der Nähe vom Stadtzentrum.

Links:
An der Mündung des St. Lucia kann man Boote mieten, um im Sonnenuntergang zu angeln, oder für eine Besichtigungsfahrt zu den Korallenriffs entlang der Küste von Cape Vidal.

Das Kosi Bay Nature Reserve besteht aus vier klaren Seen an der Grenze nach Mocambique. Sie sind von Mangrovendickichten umgeben, in denen sich Krokodile, Flusspferde und Schildkröten versteckt halten.

Die Feuchtgebiete von St. Lucia entstanden vor 60 Millionen Jahren, als das Meer zurückwich und ein ideales Brutgebiet für unzählige Vögel zurückließ, die sich allerdings vor den Krokodilen in Acht nehmen müssen.

Seite 94/95:
Der Royal Natal National Park liegt am Fuße des Mont-aux-Source, mit 3383 Metern der höchste Berg von Südafrika.

Von den Berghängen hat man einen herrlichen Blick auf das halbmondförmige „Amphitheater“ zwischen Sentinel und Eastern Buttress.

__Links:__
Die Zulus bewahren ihre Traditionen heute in Tänzen und Gesängen. Früher waren die Zulukrieger für ihre grausame Kriegsführung bekannt. Im Kampf kannten sie keine Gnade. Sie unterdrückten fremde Völker, nahmen Sklaven und ermordeten Frauen und Kinder. Selbst die Engländer besiegten sie in einer Schlacht.

Die Zulus lebten in Kraals, umzäunten Dörfern aus kuppelförmigen Grashütten. Sie glaubten an einen Gott, der die Menschen ihrem Schicksal überließ und auf die Stärke und Kampfeskraft der Krieger vertraute. Sie gehören zu den stolzesten Völkern des südlichen Afrikas. Heute leben circa elf Millionen Zulus im Land.

Oben:
Im Golden Gate Highlands National Park ragen seltsam anmutende Felsformationen aus dem trockenen Boden. Während des Krieges zwischen Engländern und Buren versteckten sich zahlreiche Familien in den Berghöhlen.

Rechts:
Der Royal Natal National Park besteht seit 1906, bekam das „Royal" aber erst 1947, als die königliche Familie aus England den Park besuchte. Der Cathedral Peak ragt im Hochgebirge der Berglandschaft empor.

Links:
Zahlreiche Wanderwege führen in die bizarre Bergwelt des Royal Natal National Park. Der größte Teil der Drakensberge ist als Reservat geschützt, teils als Nationalpark, teils unter privater Regie.

Unten:
In der Nähe von Pietermaritzburg stürzen die Wassermassen des Umgeniflusses in eine 95 Meter tiefe Schlucht hinab. Der Wasserfall ist ein Nationaldenkmal und gehört zu den größten Attraktionen der Gegend.

Links:
Bei Sun City entstand Lost City, ein weiterer Entertainmentkomplex, der nach einer legendären versunkenen afrikanischen Stadt gestaltet wurde und an längst vergangene Kulturen (und Disneyland!) erinnert.

Unten:
Das Blood River Monument, eine bronzene Wagenburg in Originalgröße, erinnert an den heldenhaften Sieg von 464 Voortrekkern gegen eine Übermacht von 10 000 Zulukriegern am 16. Dezember 1838. Über 3000 Zulus und nur wenige Voortrekker mussten ihr Leben lassen.

Links:
Sun City ragt wie eine futuristische Weltraumstadt aus der afrikanischen Steppe. Es gibt Luxushotels wie das Palace Hotel, hier der Eingang, das zweitgrößte Spielkasino der Welt sowie Kinos, Diskotheken und ein Erlebnisbad.

Unten:
Kimberley verdankt sein Entstehen den sagenhaften Diamantenfunden von 1866. Stilechte Saloons und Kneipen erinnern an die wilde Zeit der Diamantengräber.

Ganz unten links:
1869 wurde in Kimberley der legendäre „Stern von Afrika“ gefunden, ein Diamant mit 83,25 Karat. Große Unternehmen bauten Bergwerke, die als Ruinen überlebt haben.

Ganz unten rechts:
Im Kimberley Mine Museum erinnern zahlreiche Ausstellungsstücke an den wilden Diamantenboom. Heutige Besucher müssen sich mit Halbedelsteinen zufriedengeben.

Rechts:
Wie Maulwürfe fraßen sich die Diamantensucher in das Erdreich hinein. Im Laufe der Jahrzehnte entstand das „Big Hole“, das größte, von Menschenhand geschaffene Loch der Welt. Es hat einen Umfang von 1,6 Kilometern.

Kleine Bilder:
Im 17. Jahrhundert zogen die Nguni nach Lesotho, gefolgt von den Sotho, die sich in der bergigen Gegend sicherer vor ihren Feinden fühlten. Unter dem Sothohäuptling Sothokay Moshoeshoe wehrten sich die verbündeten Stämme erfolgreich gegen die Zulus. Doch die Hochgebirgswelt der Region macht das Leben auch schwierig, und wer ein Rind besitzt, gilt schon als vermögend. Grundlage einer Mahlzeit ist fast immer der Maisbrei. Typisch sind die runden, strohgedeckten Häuser: „Rondavels".

Rechts:
Das „Dach Afrikas" wird Lesotho genannt, seine Landschaft ist geprägt von Bergen und Hochplateaus. Der Zugang zu dem Land ist auf wenige Straßen beschränkt. Seit 1966 ist Lesotho ein unabhängiges Königreich, das aber im Commonwealth geblieben ist.

Rechts:
Wer das ursprüngliche Afrika erleben will, reitet über versteckte Pfade ins Ribaneng Valley und die unzugängliche Bergwelt von Lesotho. Viele Regionen Lesothos sind nur zu Fuß oder Pferd erreichbar.

Große Städte, weites Land – Gauteng, Mpumalanga und Northern Province

Im Kruger National Park streifen die Steppenzebras in Herden umher. Die Hengste bewachen die Stuten und Fohlen und verteidigen sie gegen Feinde. Mit etwas Glück können Zebrahengste sogar Löwen vertreiben.

Mitten in der Savanne wuchs Johannesburg zu einem der wirtschaftlichen Zentren der südafrikanischen Republik heran – und zu einer der gefährlichsten Städte des ganzen Kontinents. Die Verbrechensrate ist extrem hoch, und selbst Einheimische empfehlen, die Stadt sofort nach der Ankunft wieder zu verlassen. Bereits während des Goldrausches, der 1886 zur Gründung der Siedlung führte, war man dort seines Lebens nicht sicher. Die Goldfunde am Witwatersrand zogen schießwütige Abenteurer und zwielichtige Gestalten nach Johannesburg. Gegen Ende des 19. Jahrhunderts hatte die Stadt bereits 100 000 Einwohner – drei Viertel der Männer arbeiteten in den nahen Goldminen.
Pretoria besteht seit 1855 und war Regierungssitz der Burenrepublik im Transvaal, bevor man es zur Hauptstadt von Südafrika ernannte. Die Stadt, in der Provinz Gauteng gelegen, wurde nach Andries Pretorius benannt, dem Nationalhelden der Vortrekker. Er besiegte die Zulus in der Schlacht am Blood River. In Pretoria, einer eher ruhigen Beamtenstadt, gilt das Union Building als schönster Regierungssitz der Welt – zumindest in den Augen der patriotischen Südafrikaner.
Östlich von Gauteng erstreckt sich Mpumalanga, der ehemalige östliche Transvaal. Die Drakensberge ragen mit ihren zerklüfteten Felsen in die Provinz hinein und bilden eine natürliche Grenze zum sogenannten Lowveld, der östlichen Tiefebene. Dort liegt der Kruger National Park, eines der größten und beeindruckendsten Wildreservate der Erde. Entlang der Drakensberge verläuft die Panorama Route und eröffnet atemberaubende Ausblicke auf die weiten Ebenen im Osten. Zu den spektakulärsten Naturwundern in dieser Gegend gehört der Blyde River Canyon mit seinen eindrucksvollen Felsformationen.

Links:
Im Melrose House in Pretoria wurde 1902 der Friedensvertrag zwischen den Burischen Republiken und England geschlossen. Der Zweite Burenkrieg war damit zu Ende. Das Herrenhaus im viktorianischen Stil von 1886 ist heute Museum und stellt unter anderem den Tisch aus, an dem der Vertrag unterzeichnet wurde.

Ganz oben:
Das Reiterdenkmal von Louis Botha, dem ersten Premierminister der 1910 gegründeten Südafrikanischen Republik, steht im Park unterhalb der Union Buildings.

Oben:
Im Vortrekker Monument außerhalb der Stadt gedenkt man seit 1949 dem blutigen Sieg über die Zulu am Blood River. Ein Fries im Innern erzählt die ganze Geschichte der Kolonisierung des Landes durch die Buren bei ihrem Großen Treck nach Norden.

Johannesburg verdankt seine Entstehung den sagenhaften Goldfunden in der näheren Umgebung. Dort wurden die reichsten Goldvorkommen der Erde entdeckt. In der geschäftigen Stadt leben heute über vier Millionen Menschen.

Links:
Im Ndebele Village innerhalb des Botshabelo Games Reserves kann man einige Häuser des Stammes besichtigen.

Links Mitte:
Zu dem Schmuck der Ndebele gehören nicht nur Perlenkunstwerke, sondern auch Kupfer- und Messingringe für Beine, Arme und Hals.

Links unten:
Die geometrische und farbenfrohe Gestaltung ist sogar auf die Häuser und Mauern der Ndebele übergesprungen.

Unten:
Das bunte Design der Ndebele ist berühmt geworden. Den Anfang nahm die Kunst mit der Perlenstickerei. Ihre Perlenwülste und Metallreifen leuchten in allen Farben. Auch in Europa findet ihre Kunst viele Liebhaber.

Seite 112/113:
Den künstlerischen Fantasien der Ndebele sind keine Grenzen gesetzt. Hauswände und Kleidung erstrahlen in einzigartiger Farben- und Musterpracht.

Seite 116/117:
Der Blyde River Canyon wird oft mit dem Grand Canyon in Arizona verglichen. Der Blyde und der Ohrigstad River graben sich durch eine steinerne Zauberlandschaft, die in allen Grün-, Braun- und Rottönen schillert.

Unten:
An den Bourke's Luck Potholes zeigt sich die Natur Südafrikas von ihrer bizarren Seite. Einst befand sich hier eine Goldmine mit Namen „Bourke's Luck".

Rechts oben:
Mit Transvaal bezeichnet man eine ehemalige Provinz im Nordosten der Republik, die im 19. Jahrhundert eng mit der Burenzuwanderung

und tragischen Konflikten verknüpft war. Mit den Wasservorhängen der Forest Falls in den Transvaal-Drakensbergen fährt die Natur schweres Geschütz auf.

Rechts Mitte: *Pilgrim's Rest erinnert an die alten Goldgräberzeiten. Das Dorf am Fuße des Mauchberges steht unter Denkmalschutz.*

Rechts unten: *1873 wurde in dem Flüsschen Pilgrim's Creek Gold gefunden, eine Siedlung entstand. Der Goldgräberort ist heute ein Freilichtmuseum.*

In den Drakensbergen sollen tatsächlich einmal Drachen gewohnt haben. Das behaupten zumindest die Legenden, die sich um dieses schroffe Gebirge ranken. Die Tiere und diese Aloepflanzen bleiben davon unbeeindruckt.

Die MacMac Falls in den Transvaaler Drakensbergen ergießen sich in Becken mit eisig kaltem Wasser. Die Zwillingswasserfälle liegen an der attraktiven Panoramaroute und fallen 56 Meter tief in eine Schlucht.

Rechte Seite:
An der spektakulären Panorama Route in den Drakensbergen liegen die Lisbon Falls, ein 92 Meter hoher Wasserfall. Zahlreiche Wanderwege führen in die Schluchten des Hinterlandes.

Die „Bourke's Luck Potholes" bekamen ihren Namen von Tom Bourke, der 1870 in diesem Felsenlabyrinth tatsächlich sein Glück fand und auf ein beachtliches Goldvorkommen stieß. Geologisch sind die Potholes Millionen von Jahren alt.

Venda liegt an der Grenze zu Zimbabwe. Das Land erlangte 1979 seine Unabhängigkeit und kehrte wenig später wieder in die Republik zurück – als Teil der Northern Province. Der Affenbrotbaum gilt als Wahrzeichen dieses einsamen Landes.

Oben:
Die Giraffe lebt in der Savanne und der trockenen Buschsteppe südlich der Sahara und ernährt sich von dem Blattwerk der Akazien und anderer Bäume. Sie streift in kleinen Herden über das offene Land.

Rechts:
Der Schabrackenschakal, ein weit verbreiteter Wildhund, wird bis zu einem Meter lang und gilt als Allesfresser. Meist labt er sich an der Nahrung, die große Raubkatzen übriggelassen haben.

Seite 122/123:
Im Kruger-Nationalpark bieten Rest Camps wie das am Olifants River gelegene Olifants Camp Übernachtungsmöglichkeiten. Am besten, man bucht rechtzeitig vor.

Links:
Auch der Gelbschnabeltoko gehört zu den gefiederten Bewohnern des Kruger National Park. Ein sehenswerter Bursche – auch wenn die meisten Besucher nach Löwen und Nashörnern Ausschau halten.

Unten:
Die Springböcke lieben das trockene Steppengras und wittern ihre Feinde schon aus weiter Entfernung. Sie besitzen eine aus geprägte Scharfsinnigkeit. Sie ziehen in großen Herden über die Steppe und fürchten Löwen und andere Raubkatzen.

Kruger National Park – unverfälschte Natur

Die Steppe lebt – im Kruger National Park und anderen Naturschutzgebieten des afrikanischen Kontinents zeigt die Natur ihr wahres Gesicht. Scheinbar unberührt von der weißen Zivilisation, die im übrigen Afrika zu einer starken Dezimierung des Tierbestandes geführt hat, lebt dort das Afrika unserer Träume weiter: Riesige Antilopenherden auf den weiten Ebenen, ein Rudel satter Löwen im Schatten einer Akazie, Elefanten an einem Wasserloch, ein schnaubendes Nashorn im Gestrüpp, ein Gepard im kniehohen Gras, eine Gruppe von Flusspferden im Sabie River – ein Anblick wie in einem Tierfilm, unverfälschte Natur, gerade noch rechtzeitig vor der endgültigen Zerstörung bewahrt.

Bereits 1869, während des großen Goldrausches, ging der Tierbestand in den Steppengebieten auf dramatische Weise zurück. Die weißen Jäger hatten es besonders auf die Elefanten abgesehen – wegen des kostbaren Elfenbeins. 1884 beschloss Paul Kruger, der Präsident der Südafrikanischen Republik, ein Game Reserve zum Schutze der Tiere einzurichten, fünf Jahre später wurde die Jagd zwischen Crocodile und Sabie River verboten. Paul Bester, der erste Wildhüter in dem riesigen Gebiet, das später in den Kruger National Park überging, lebte in einer kleinen Hütte in der Gegend, in der später Skukuza errichtet wurde, das kommerzielle Zentrum des Parks. Gegen die organisierten Wilderer, die während der Trockenzeit in das Gebiet eindrangen und das wertvolle Elfenbein ausführten, war er machtlos.

Der Vater des Kruger Parks

Erst als das Land zwischen dem Sabie und dem Crocodile River zum Wildschutzgebiet erklärt wurde, und James Stevenson-Hamilton zum ersten Chief Warden ernannt wurde, ging man entschlossen gegen die Wilderer vor. Zuerst allein und später mit zwei Gehilfen verfolgte der Wildhüter die weißen Verbrecher. Sein Einsatz war beispiellos. Nur seiner aufopferungsvollen Arbeit ist es zu verdanken, dass einige Tierarten im Kruger National Park nicht ausgerottet wurden. Als „Vater des Kruger Parks" wird James Stevenson-Hamilton in Südafrika gefeiert, als unbeugsamer und eifriger Naturschützer, der bis zu seiner Pensionierung im Jahr 1946 in dem Wildschutzgebiet arbeitete und die Grenzen gegen alle kommerziellen Interessen verteidigte.

Heute umfasst der Kruger National Park ein Gebiet von über 19 000 Quadratkilometern, das sind 1,7 Prozent der Gesamtfläche von Südafrika. Mit einer Länge von 325 und einer Breite zwischen 40 und 80 Kilometern gehört er zu den größten Naturschutzgebieten der Erde. Im Osten stößt er mit seinen Grenzen an Mocambique, im Norden an Zimbabwe. Felszeichnungen erzählen von Buschmännern, die hier im Winter jagten, wenn es keine Moskitos gab, doch Menschen zog es selten hierher – wegen der Malaria und der Bilharziose, einer gefährlichen Wurmkrankheit, die inzwischen erfolgreich bekämpft wurde. Der Kruger National Park gehört der Flora und der Fauna, die sich in diesem Paradies ungehindert ausbreiten können.

Im Gebiet nördlich des Olifant River leben Elefanten und Antilopen, wächst der wundersame Mopanebaum, der kaum Wasser braucht, weil er seine Blätter während der Tageshitze nach unten falten und der Sonne entziehen kann. Über 8600 Elefanten und 97 000 Antilopen leben im gesamten Park, und die Guides wissen Wundersames über diese Tiere zu berichten: Ein Elefant, der auf Afrikaans „Olifant" heißt, braucht über 350 Liter Wasser pro Tag! Südlich des Olifant River fällt mehr Regen, ist das Land fruchtbarer. Im Frühling sprießen weiß-gelbe Blüten an den Dornakazien. Im saftigen Gras fühlen sich vor allem Büffel, Giraffen und Zebras wohl. Das saure Gras an der Westgrenze zwischen Olifant und Crocodile River mögen sie weniger. In den Tälern des Luvuvhu und Limpopo River wächst tropischer Regenwald, findet man Mahagoni und Ebenholz. Überall im Park trifft man auf Löwen, die in Rudeln zu zwanzig bis dreißig Tieren über die Steppe ziehen, auf Nashörner und Flusspferde, die sich im Schlamm suhlen, auf die Kudus mit ihren geschraubten Hörnern. Nur selten bekommt man den schnellen Gepard und den einzeln jagenden Leopard zu sehen.

Ein Netz von asphaltierten Straßen verbindet die Camps und führt durch den Park. Die Besucher können unter einer Vielzahl von Camps wählen. Ausgebildete Guides führen sie zu den Tieren. Auch wenn es (aus naheliegenden Gründen) streng verboten ist, aus dem Wagen zu steigen oder abseits der Asphaltstraßen auf eigene Faust loszuziehen, eröffnet sich im Kruger National Park ein Paradies – hier leben die Steppe und Afrika!

Links: *Am Olifants River liegen zahlreiche Camps, die man lange vorher buchen sollte. Auch außerhalb des Kruger National Parks gibt es zahlreiche Quartiere in allen Preisklassen.*

Oben: *Erfahrene Wildhüter gehen mit den Besuchern im Kruger National Park auf Safari. Einen Elefanten können sie aber nicht immer garantieren.*

Bilder rechts, von oben nach unten: *Der Springbock gilt als Lieblingsbeute von Löwen, Leoparden und Geparden. Um ihnen zu entkommen, beschleunigt er auf 90 Stundenkilometer und hetzt in weiten 15-Meter-Sprüngen über das Land.*

Der junge Gepard duckt sich vor seinen Feinden. Er fürchtet sich vor Löwen, Leoparden und Fleckenhyänen. Geparden sind friedliche Burschen und kämpfen äußerst ungern.

Der „König der Tiere“ wurde in Südafrika fast vollkommen ausgerottet und ist nur noch im Kruger National Park zu finden.

Ein Zebrahengst verlässt sein Rudel im Alter von ein bis drei Jahren und schließt sich einem Junggesellenrudel an. Mit fünf bis sechs Jahren sucht er sich eine Stute und gründet ein neues Rudel.

Nashörner schätzen die offene Savanne. Sie gehen morgens und abends auf Nahrungssuche und verbringen die heißen Mittage im Schatten. Außer gelegentlich einem verzweifelten Löwen haben sie keine Feinde.

Der „König der Tiere" wurde in Südafrika fast vollkommen ausgerottet und ist nur noch im Kruger National Park zu finden. Der männliche Löwe kommt bei der Jagd zuletzt, beim Fressen allerdings zuerst – dann verlangt er seinen „Löwenanteil".

Rechte Seite:
Der Elefant lebt in den Steppen südlich der Sahara. Er wird vier Meter hoch und bis zu 4000 Kilogramm schwer. In trockenen Gebieten gräbt er das Wasser mit seinem Rüssel aus dem Boden.

Oben:
Tzaneen, vielleicht die interessanteste Stadt in der Northern Province, ist von riesigen Teeplantagen umgeben. Erst der Sieg über die Malaria ermöglichte eine Besiedlung des Landes am Letabafluss.

Rechts:
Die Menschen von Tzaneen leben von der Landwirtschaft – hauptsächlich vom Teeanbau. auch Kartoffeln und subtropische Früchte gedeihen auf ihren Feldern. Der Staat unterstützt ihre Bemühungen.

Oben:
In der Umgebung von Tzaneen erstreckt sich eine anmutige Hügellandschaft. Im Frühling bedecken farbenprächtige Wildblumenteppiche die Wiesen. Hier lernt man das ursprüngliche Afrika kennen.

Links:
Der Ebenezerdamm in der Northern Province – nur ein Beispiel für die zahlreichen Eingriffe des Staates in die Natur. Anders wäre ein erfolgreicher Ackerbau in den trockenen Gebieten gar nicht möglich.

Unten:
Das Malolotja Nature Reserve ist für seine vielfältige Blütenpracht bekannt. Nirgendwo findet man so viele Protea. Aber Vorsicht: Im Gestrüpp lauern gefährliche Reptilien! In dem Gebiet findet man außerdem das älteste Gestein der Erde.

Rechts oben:
Swaziland bietet das wirkliche Afrika – abseits von Sun City und Großstädten. Seine Bewohner – wie diese Heilerin – fühlen sich der Tradition verpflichtet.

Rechts unten:
Die Bewohner von Swaziland fertigen authentisches Kunsthandwerk. Geschnitzte Masken und Figuren sind beliebte Souvenirs.

Register

	Textseite	Bildseite
Addo Elephant National Park	21, 26	
Augrabies Falls National Park		84
Bloemfontein	18, 88	
Bloodriver	106	101, 109
Blue Mountains	88	
Blyde River Canyon	21, 106	21, 114
Botshabelo	79	21, 114
Bourke's Luck Potholes		120
Camps Bay		42/43
Cape Agulhas		63
Cape Point	26	48
Cape Recife		70
Cape Vidal		93
Cedar Mountains		80
Ceres		80
Clanwilliam		80
Clifton	21, 26	44
Drakensberge	12, 17, 106	84, 99, 120
Duiker Island		47
Durban	17, 21, 88	90
East London		71
False Bay		46
Fort Hare	36	
Franschhoek	21, 26, 54	16, 52
Free State	17, 88	
Gauteng	106	
George		67
Golden Gate National Park	21, 88	98
Graaff-Reinet	15	72
Healdtown	36	
Hermanus		64
Hluh-luwe Game Reserve	88	
Hout Bay		45, 47
Jeffrey's Bay		70
Johannesburg	18, 20, 37, 106	110
Kalahari Gemsbock Park		84
Kap der Guten Hoffnung	26	48, 136
Kapprovinz	55, 79	64, 68
Kapstadt	13, 20, 26	9, 30-41
Kimberley	21	102
Knysna	21, 26	9, 62, 67
Kosi Bay Nature Reserve		93
Kruger National Park	12, 21, 106	8, 106, 122-129
Kwandwe Game Reserve	21	
Kwazulu Natal	88	
Lesotho	78, 88	15, 88, 104
Little Karoo	21, 55	57, 59, 104
Lost City		101
Lowfeld	106	
Malolotja Nature Reserve		132
Middelburg	79	
Mossel Bay	21, 26	59
Mqumalanga	106	
Namapualand	21	
Natal	16	90
Ndebele Village	21	114
Northern Province		120, 131
Oranje	17	
Oudtshoorn	21, 26	61
Paarl	26, 37	55
Pietermaritzburg		99
Plettenberg	21	65, 68
Port Alfred		71
Port Elisabeth	26	70
Postberg Nature Reserve		82
Pretoria	12, 18, 21, 36, 79, 106	19, 36, 78, 109
Qwaqwa	78	
Robben Island	37	36
Royal Natal National Park	21	98
Seaport	21, 26	
Sharpeville	20, 37	
Simon's Town		48
Skukuza	128	
Sodwana Bay National Park		93
Stellenbosch	14, 21, 26, 54	55, 57
St. Lucia Game Reserve		93
Storms River Mouth		59
Sun City	21, 88	101, 133
Swartberge		59
Swaziland		81, 133
Swellendam	15	
Thaba'nchu	16	
Transkei		76
Transvaal	16, 55, 106	
Tsitsikamma Coastal National Park		64, 67, 69
Tzaneen		130
Umtata	36	
Vaal	17	
Venda		120
Villiersdorp	55	
Vyeboom	55	
Westcoast National Park		82
Willem Pretorius Game Reserve	88	
Witwatersrand	17, 36, 106	

SIMBABWE
BOTSWANA
MOSAMBIK
REPUBLIK SÜDAFRIKA
LESOTHO
SWASI-
LAND
l a h a r i
galagadi
ansfrontier
tional Park
Musina
Mapungubwe N.P.
Limpopo
Louis
Trichardt
Kruger
Great Limpopo
National
Transfrontier Park
Park
Polokwane
Phalaborwa
Mokopane
Marakele N.P.
Waterberge
Gaborone
Bela-Bela
Pilanesberg N.P.
Sun City
Lydenburg
Soshanguve
Nelspruit
Mafikeng
Krugers-
dorp
Pretoria
Middelburg
Maputo
Middelveld
Tembisa
Barberton
Soweto
Benoni
Carletonville
Johannesburg
Mbabane
Vanderbijlpark
Vereeniging
Ermelo
Vryburg
Klerksdorp
Betsjoeanaland
Piet Retief
Kuruman
Maokeng
Volksrust
Sodwana Bay N.P.
Kroonstad
Welkom
Newcastle
Warrenton
Vryheid
iSimangaliso
Wetland Park
Bethlehem
Harrismith
Dundee
Upington
Matwabeng
Ulundi
St. Lucia
Kimberley
Golden Gate
Highlands N.P.
Royal Natal N.P.
Ladysmith
Hluhluwe-
Umfolozi Park
Douglas
uKhahlamba
Drakensberg N.P.
Richards Bay
Bloemfontein
Botshabelo
Estcourt
Maseru
3355m
Stanger
Prieska
Oranje
Pieter-
maritzburg
Tongaat
Underberg
Umlazi
Durban
Isipingo
Karoo
De Aar
Colesberg
Aliwal
North
Kokstad
Carnarvon
2871m
Port Shepstone
Drakensberge
Middelburg
Umtata
Port St. Johns
Große Karoo
Queenstown
Wild Coast
Karoo N.P.
wa Karoo N.P.
Beaufort
West
Graaff-
Reinet
Mountain
Zebra N.P.
Cradock
Coffee Bay
Aberdeen
Somerset
East
Bisho
Prince Albert
East London
2325m
De Rust
Willowmore
Addo
Elephant N.P.
Grahamstown
Hamburg
Calitzdorp
Oudtshoorn
Port Alfred
Kleine Karoo
Wilderness N.P.
Uitenhage
Swellendam
George
Knysna
Plettenberg
Bay
Port Elizabeth
Port
Beaufort
Mossel
Bay
Tsitsikamma N.P.
Kap St. Francis
De Hoop Nature Reserve
asdorp
Indischer Ozean

Das Kap der Guten Hoffnung, wo sich Atlantik und Indischer Ozean treffen, erhielt seinen Namen 1488 von dem Portugiesen Bartholomeu Diaz: „Capo da Boa Esperanca".

Impressum

Buchgestaltung
Matthias Kneusslin
www.hoyerdesign.de

Karte
Fischer Kartografie, Aichach

Printed in Germany
Repro: Artilitho snc, Lavis-Trento, Italien
www.artilitho.com
Druck und Verarbeitung: StieberDruck GmbH, Lauda-Königshofen, Germany – www.stieberdruck.de

ISBN 978-3-8003-4267-9

Bildnachweis
Alle Bilder von Clemens Emmler mit Ausnahme von: Bilder von pixabay.com: S. 61 oben links: franzl60. Bilder von iStockphoto.com: Cover: Dirk Freder; S. 6/7 und Backcover: PaulJRobinson; S. 10/11: Michael Sebastian; S. 16/17: Straystone; S. 24/25: demerzel21; S. 27: larrymull2; S. 28/29: Henrique NDR Martins; S. 30/31: hessbeck; S. 32: Steve Serowka; S. 39 unten: littlewormy; S. 42/43: wallix; S. 44 links oben: Reyerson Clark; S. 44 links unten: skilpad; S. 45: hessbeck; S. 49: mdmworks; S. 67: ZambeziShark; S. 90/91: ChrisVanLennepPhoto; S. 103: bmyl2; S. 110/111: GregdaSilva.

Unser gesamtes Programm finden Sie unter:
www.verlagshaus.com

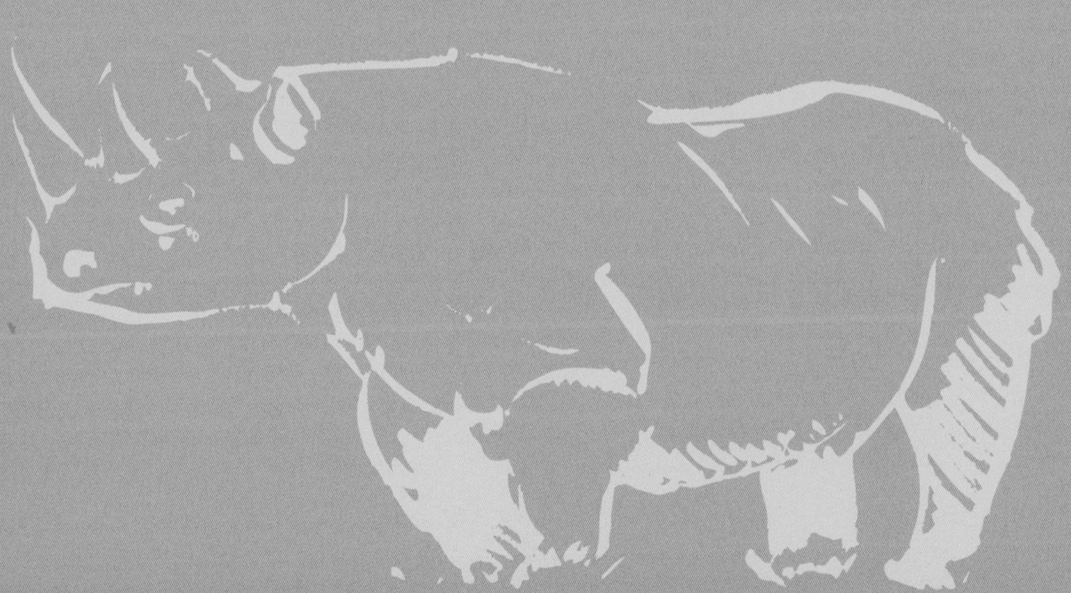